D.A.
Dumbledore's Army
Dumbledore's Army

Quidditch
FREE
SPECTRESPECS
DORMIENS NUNQUAM
TITILLANDU

このイヤーブックの持《も》ち主《ぬし》は：

・・・・・・・・・・・・・・・・・・・・・・・・・・・

ハリー・ポッター™

ホグワーツ魔法魔術学校
シネマ・イヤーブック

2017年5月31日　第1刷発行

スカラスティック（編）
日本語版監修　松岡佑子
翻訳　堀川志野舞

発行者　松浦一浩
発行所　株式会社静山社
〒102－0073　東京都千代田区九段北1－15－15
電話・営業　03－5210－7221
http://www.sayzansha.com

日本語版デザイン・組版　アジュール

ISBN978-4-86389-371-9　Printed in China

ハリー・ポッター™

ホグワーツ魔法魔術学校™

シネマ・イヤーブック　想像し、描き、完成させよう

静山社

アルバス・ダンブルドア

目《もく》次《じ》

魔法《まほう》の世界《せかい》へ ようこそ！

ホグワーツ魔法魔術学校《まほうまじゅつがっこう》、
イヤーブックの始《はじ》まりです！
ホグワーツの新入生《しんにゅうせい》になった
気分《きぶん》を味《あじ》わってみよう。

マクゴナガル先生《せんせい》からの手紙《てがみ》を受《う》け取《と》って、ハリー・ポッターは呆然《ぼうぜん》としている。

何百通《なんびゃくつう》もの入学許可証《にゅうがくきょかしょう》がプリベット通《どお》り４番地《ばんち》の家《いえ》に溢《あふ》れかえる。

僕《ぼく》／わたしの魔法《まほう》の家族《かぞく》

母親《ははおや》がマグル生《う》まれ、父親《ちちおや》が純血《じゅんけつ》なので、ハリーは半純血《はんじゅんけつ》である。

ジェームズ・ポッター
父《ちち》
（純血《じゅんけつ》）

リリー・ポッター
母《はは》
（マグル生《う》まれ）

ハリー・ポッター
息子《むすこ》
（半純血《はんじゅんけつ》）

鍵《かぎ》

純血《じゅんけつ》——魔法族《まほうぞく》だけの家系《かけい》に生《う》まれた魔法使《まほうつか》いや魔女《まじょ》

半純血《はんじゅんけつ》——魔法族《まほうぞく》とマグルの両方《りょうほう》の血《ち》を引《ひ》く魔法使《まほうつか》いや魔女《まじょ》

マグル生《う》まれ——マグルの両親《りょうしん》を持《も》つ魔法使《まほうつか》いや魔女《まじょ》

マグル——魔法《まほう》が使《つか》えない人《ひと》

スクイブ——魔法族《まほうぞく》の両親《りょうしん》を持《も》つが魔法《まほう》が使《つか》えない人《ひと》

あなたの家族《かぞく》の特徴《とくちょう》は？　ここに家系図《かけいず》を作《つく》ってみよう。

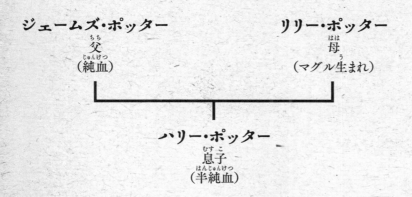

ダイアゴン横《よこ》丁《ちょう》

ホグワーツの入学《にゅうがく》準備《じゅんび》のため、ハグリッドはハリーをダイアゴン横丁《よこちょう》へ買《か》い物《もの》に連《つ》れていく。

魔法使《まほうつか》いと魔女《まじょ》で雑踏《ざっとう》する横丁《よこちょう》

ダイアゴン横丁《よこちょう》には、ホグワーツの新入生《しんにゅうせい》が必要《ひつよう》なものを揃《そろ》えるために訪《おとず》れる店《みせ》がある。「フローリシュ・アンド・ブロッツ書店《しょてん》」、「オリバンダーの杖《つえ》の店《みせ》 紀元前《きげんぜん》382年《ねん》創業《そうぎょう》 高級杖《こうきゅうつえ》メーカー」、「高《こう》級《きゅう》クィディッチ用具店《ようぐてん》」、「グリンゴッツ銀行《ぎんこう》」など。

グリンゴッツ銀行《ぎんこう》からガリオン金貨《きんか》、シックル銀貨《ぎんか》、クヌート銅貨《どうか》を引《ひ》き出《だ》すのをお忘《わす》れなく。

ダイアゴン横丁《よこちょう》を訪《おとず》れるとしたら何《なに》を手《て》に
入《い》れるか、このページに描《か》いてみよう：

フローリシュ・アンド・ブロッツ書店《しょてん》

オリバンダーの杖《つえ》の店《みせ》

高級《こうきゅう》クィディッチ用具店《ようぐてん》

グリンゴッツ銀行《ぎんこう》

ホグワーツへの旅《たび》

出発進行《しゅっぱつしんこう》！　ホグワーツ特急《とっきゅう》は、ロンドンにあるキングズ・クロス駅《えき》の９と3/4番線《ばんせん》を出発《しゅっぱつ》し、ホグズミード村《むら》へと向《む》かう。

レンガの壁《かべ》を通《とお》り抜《ぬ》けて秘密《ひみつ》のプラットホームに行《い》く方法《ほうほう》を、ロンがハリーに教《おし》える。

元々《もともと》はマグルが作《つく》ったこの見事《みごと》な蒸気《じょうき》機関車《きかんしゃ》は、いま魔法《まほう》の力《ちから》で動《うご》いている。

自分《じぶん》だけのホグワーツ日記《にっき》に、１年生《ねんせい》の思《おも》い出《で》を記《き》録《ろく》しよう。展開式《てんかいしき》のページを使《つか》って、どんな学校生《がっこうせい》活《かつ》になるか想像《そうぞう》してみよう。

あなたのホグワーツ日記《にっき》

トランクには何《なに》を詰《つ》める？
ホグワーツ特急《とっきゅう》には友《とも》だちと一緒《いっしょ》に乗《の》りたい？

書《か》くことがわからなければ、
先《さき》を読《よ》み進《すす》めて、
あとでこの日記《にっき》に戻《もど》ろう。

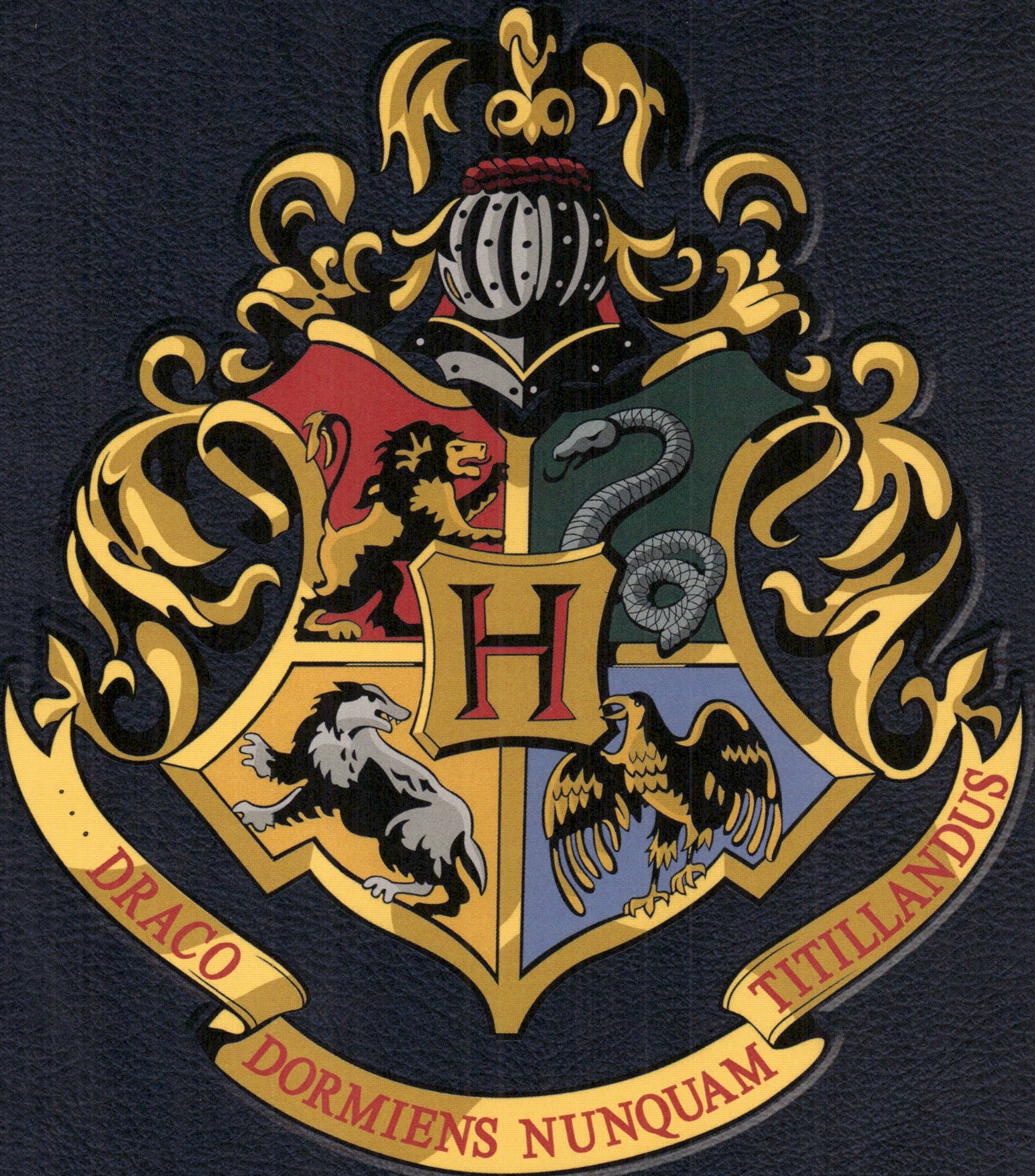

1年《ねん》目《め》の
ホグワーツ

チャーミングな動物《どうぶつ》たち

ホグワーツの1年生《ねんせい》は、ふくろうか猫《ねこ》、ヒキガエルを学校《がっこう》に連《つ》れていける。ハリーはふくろうのヘドウィグを、ネビルはヒキガエルのトレバーを飼《か》っている。自分《じぶん》ならどんな動物《どうぶつ》を飼《か》いたい？
理想《りそう》のペットを描《えが》こう。

トランクを詰《つ》めよう

1年生《ねんせい》は、新学期《しんがっき》に持《も》っていく荷物《にもつ》が
たくさんある——
ローブ、マント、大鍋《おおなべ》……

自分《じぶん》のトランクに何《なに》を詰《つ》める？

入《にゅう》学《がく》許《きょ》可《か》証《しょう》

ホグワーツへの入学《にゅうがく》を許可《きょか》されたことを、
どんなふうに知《し》らされたい？
ここに文章《ぶんしょう》かイラストで描《か》いてみよう。

寮《りょう》監《かん》

あなたの理想《りそう》の寮監《りょうかん》は？

その先生《せんせい》のプロフィールを下《した》の欄《らん》に書《か》き込《こ》んだら、絵《え》で表現《ひょうげん》してみよう。

氏名《しめい》：

寮《りょう》：

風貌《ふうぼう》：

担当教科《たんとうきょうか》：

一《いっ》生《しょう》の友《とも》だち

ホグワーツはすばらしい友情《ゆうじょう》を育《はぐく》める場所《ばしょ》。同級生《どうきゅうせい》のハリーとロンは、組分《くみわ》けされる前《まえ》からもう仲良《なかよ》くなっていた。

ホグワーツで友《とも》だちになりたいと思《おも》う3人《にん》の肖像画《しょうぞうが》を描《か》いてみよう。

魔《ま》法《ほう》の汽《き》車《しゃ》旅《たび》

ホグワーツ特急《とっきゅう》に乗《の》って、理想的《りそうてき》な魔法《まほう》の
旅《たび》をするなら？　下《した》の質問《しつもん》に答《こた》えよう。

一緒《いっしょ》に汽車《きしゃ》に乗《の》る相手《あいて》は？

一緒《いっしょ》に乗《の》りたくない相手《あいて》は？

車内販売《しゃないはんばい》で何《なに》を買《か》う？
最高《さいこう》のおやつの箱《はこ》や包《つつ》み紙《がみ》をデザインしよう。

DRACO DORMIENS NUNQUAM TITILLANDUS

大《おお》広《ひろ》間《ま》

組《くみ》分《わ》け帽《ぼう》子《し》

古《ふる》くから伝《つた》わる組《くみ》分《わ》け帽《ぼう》子《し》が、ホグワーツの生《せい》徒《と》を4つの寮《りょう》に組《くみ》分《わ》けする。グリフィンドール、ハッフルパフ、レイブンクロー、スリザリンのどれかに。

「スリザリン！」帽《ぼう》子《し》はドラコ・マルフォイの頭《あたま》に触《ふ》れるか触《ふ》れないうちに叫《さけ》んだ。

RAVENCLAW™

GRYFFINDOR™

HUFFLEPUFF™

SLYTHERIN

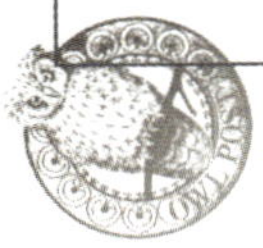
OWL POST

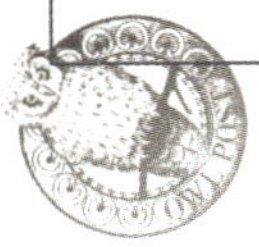
OWL POST

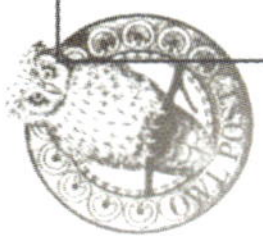
OWL POST

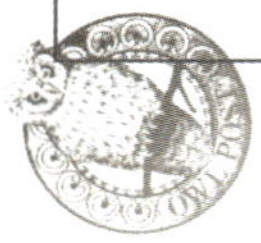
OWL POST

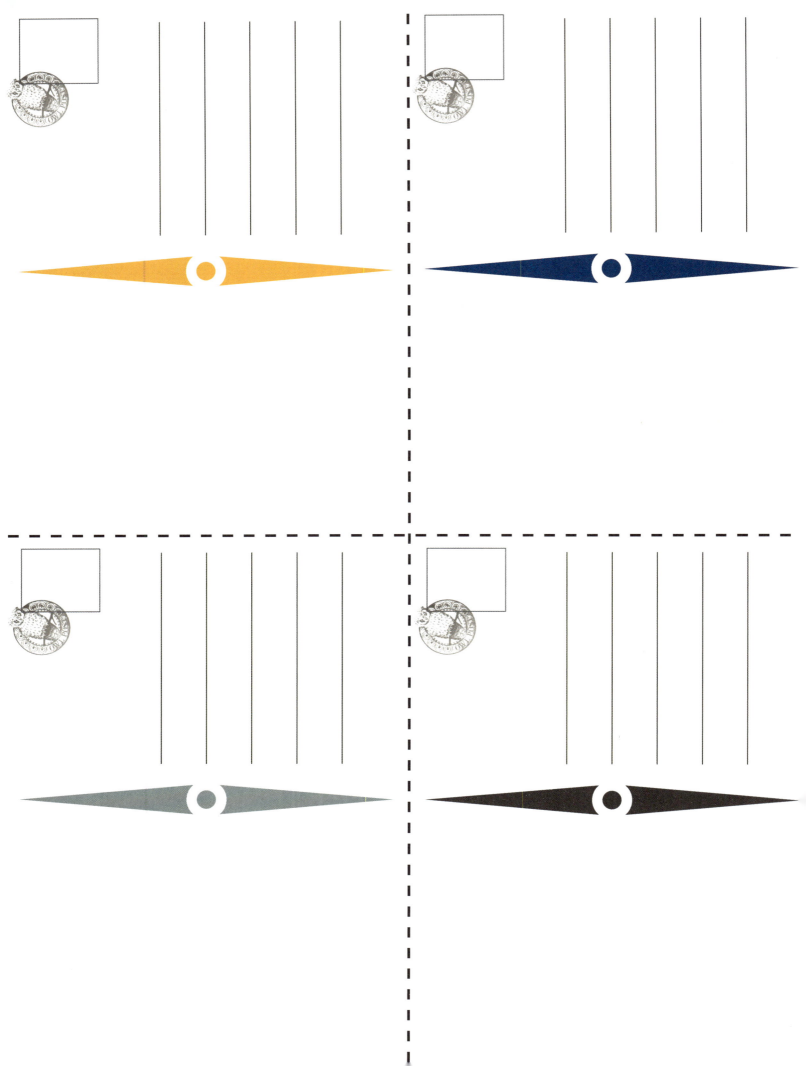

自分《じぶん》だったら、どの寮《りょう》になるだろう？
下《した》の説明《せつめい》を読《よ》んで、選《えら》んだ寮《りょう》を○で囲《かこ》もう。

グリフィンドール

あなたが勇敢《ゆうかん》で忠実《ちゅうじつ》で友《とも》だち思《おも》いなら、組《くみ》分《わ》け帽子《ぼうし》はこの勇猛果敢《ゆうもうかかん》な寮《りょう》に選《えら》ぶだろう。グリフィンドールの生徒《せいと》は、たとえ苦《くる》しい状況《じょうきょう》でも、恐《おそ》れず正直《しょうじき》に真実《しんじつ》を話《はな》す。

ハッフルパフ

努力家《どりょくか》のハッフルパフ生《せい》は献身的《けんしんてき》で忍耐強《にんたいづよ》い。一番《いちばん》になることよりも、フェアプレーを重《おも》んじる。

レイブンクロー

レイブンクロー生《せい》は機知《きち》と叡智《えいち》に富《と》む。知性《ちせい》に恵《めぐ》まれ、試験《しけん》では優秀《ゆうしゅう》な成績《せいせき》を収《おさ》める。

スリザリン

スリザリン生《せい》はきわめて野心的《やしんてき》で計略《けいりゃく》に富《と》み、狡《こう》猾《かつ》で、欲《ほ》しいものを得《え》るためには手段《しゅだん》を選《えら》ばない。

特《とく》別《べつ》な授《じゅ》業《ぎょう》

ホグワーツの1年生《ねんせい》として、ハリー、ロン、ハーマイオニーは7つの学科《がっか》を取《と》ることに。闇《やみ》の魔術《まじゅつ》に対《たい》する防衛術《ぼうえいじゅつ》、変身術《へんしんじゅつ》、呪文《じゅもん》学《がく》、魔法薬学《まほうやくがく》、魔法史《まほうし》、天文学《てんもんがく》、薬草学《やくそうがく》。さらに（箒《ほうき》を使《つか》った）飛行訓練《ひこうくんれん》も必要《ひつよう》だ。

このうち1つに出席《しゅっせき》できるとしたら、どれを選《えら》ぶ？　学《まな》びたいことをここに書《か》こう：

ホグワーツ
時《じ》間《かん》割《わり》表《ひょう》

各学科《かくがっか》2時間《じかん》ずつ埋《う》めて、自分《じぶん》の時間割《じかんわり》表《ひょう》を完成《かんせい》させよう。飛行訓練《ひこうくんれん》も4時間加《じかんくわ》えること。

次《つぎ》に、空《あ》き時間《じかん》に何《なに》をするか決《き》めよう。

	1時間目	2時間目		3時間目	4時間目
月			お		
火			昼《ひる》		
水			や		
木			す		
金			み		

魔《ま》法《ほう》薬《やく》学《がく》

ホグワーツの生徒《せいと》たちは、魔法薬学《まほうやくがく》の授業《じゅぎょう》で魔法薬《まほうやく》の正《ただ》しい調合《ちょうごう》の仕方《しかた》を学《まな》ぶ。

ハーマイオニーはポリジュース薬《やく》を調《ちょう》合《ごう》して、ハリーとロンをクラッブとゴイルに変身《へんしん》させたことも！

もしも自分《じぶん》だけの魔法薬《まほうやく》を調合《ちょうごう》できるとしたら、どんな材料《ざいりょう》を使《つか》って、どんな効果《こうか》のある薬《くすり》を作《つく》るだろう？

すばらしき杖《つえ》

魔《ま》法省《ほうしょう》でヴォルデモート卿《きょう》は、イチイの杖《つえ》を使《つか》って呪《のろ》いをかける。

ハリーの杖《つえ》は柊《ひいらぎ》でできていて、芯《しん》には不死鳥《ふしちょう》の羽根《はね》が使《つか》われている。

杖《つえ》には魔力《まりょく》があり、持《も》ち主《ぬし》を自《みずか》ら選《えら》ぶ。木製《もくせい》の細長《ほそなが》い杖《つえ》の芯《しん》には、魔力《まりょく》を持《も》った物《もの》が使《つか》われている。

「必要《ひつよう》の部屋《へや》」で杖《つえ》をかまえるロン

伝説《でんせつ》のニワトコの杖《つえ》を所有《しょゆう》しているダンブルドア教授《きょうじゅ》

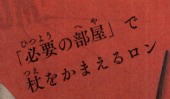

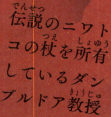

各項目《かくこうもく》につき１つをチェックして、自分《じぶん》だけの完璧《かんぺき》な杖《つえ》を作《つく》ろう。

木材《もくざい》

- ヨーロッパナラ ☐
- 柊《ひいらぎ》 ☐
- ブドウ ☐
- イチイ ☐
- サンザシ ☐
- レッドオーク ☐
- ハンノキ ☐

魔法《まほう》の芯《しん》

- 不死鳥《ふしちょう》の羽根《はね》 ☐
- セストラルの尻尾《しっぽ》の毛《け》 ☐
- ドラゴンの心臓《しんぞう》の琴線《きんせん》 ☐
- ユニコーンの尻尾《しっぽ》の毛《け》 ☐
- トロールのひげ ☐

長《なが》さ

- 25 cm ☐
- 30 cm ☐
- 35 cm ☐
- その他《ほか》の長《なが》さ ☐

柔軟性《じゅうなんせい》

- しなやか ☐
- バネのよう ☐
- よく曲《ま》がる ☐
- しなりにくい ☐

さあ、理想《りそう》の杖《つえ》を描《か》いてみよう！

特《とく》別《べつ》配《はい》達《たつ》！

2年生《ねんせい》の新学期初日《しんがっきしょにち》、ハリーとロンはホグワーツ特急《とっきゅう》に乗《の》り遅《おく》れて、ウィーズリー家《け》の空飛《そらと》ぶ車《くるま》で学校《がっこう》まで飛《と》んでいった。その後《ご》、カンカンに怒《おこ》ったウィーズリー夫人《ふじん》は、耳《みみ》をつんざくばかりの「吼《ほ》えメール」をロンによこした！

ロナルド・ウィーズリー！ 車《くるま》を盗《ぬす》むなんて、どういうつもり！

警告《けいこく》

「吼《ほ》えメール」は読《よ》み終《お》えると、炎《ほのお》となって燃《も》え上《あ》がる！

怒《いか》りくるった母親《ははおや》から「吼《ほ》えメール」が届《とど》き、ロンは震《ふる》え上《あ》がった。

何《なに》かばかをやった時《とき》のことを思《おも》い浮《う》かべて。
親《おや》、祖《そ》父《ふ》母《ぼ》、先生《せんせい》からの「吼《ほ》えメール」を書《か》くか、
誰《だれ》かに「吼《ほ》えメール」を送《おく》ってみよう。

忍《しの》びの地《ち》図《ず》

「忍《しの》びの地図《ちず》」は、ホグワーツにいる者《もの》すべての居場所《いばしょ》を示《しめ》す。

ホグワーツの地図《ちず》を描《えが》くことができるかな？
自分《じぶん》がいそうな場所《ばしょ》に×マークをつけよう。

驚《おどろ》くべき動《どう》物《ぶつ》もどき

「動物《どうぶつ》もどき」とは、動物《どうぶつ》に変身《へんしん》できる魔法使《まほうつか》いや魔女《まじょ》のこと。変《へん》身《しん》する動物《どうぶつ》は、その者《もの》の人格《じんかく》と深《ふか》く関《かか》わっている。シリウス・ブラックは、パッドフットという名《な》の黒犬《くろいぬ》に変身《へんしん》する。

自分《じぶん》ならどんな動物《どうぶつ》に変身《へんしん》すると思《おも》う？　描《か》いてみよう。
動物《どうぶつ》になった自分《じぶん》に、どんなニックネームを付《つ》ける？

僕《ぼく》／わたしの変身動物《へんしんどうぶつ》の名前《なまえ》は：

クィディッチの選抜試験《せんばつしけん》

クィディッチは、魔法界《まほうかい》で昔《むかし》から楽《たの》しまれてきたゲームで、箒《ほうき》にまたがってプレーする。ハリーの大好《だいす》きなスポーツだ。

グリフィンドールのキャプテン、オリバー・ウッドと並《なら》んで整列《せいれつ》するハリー

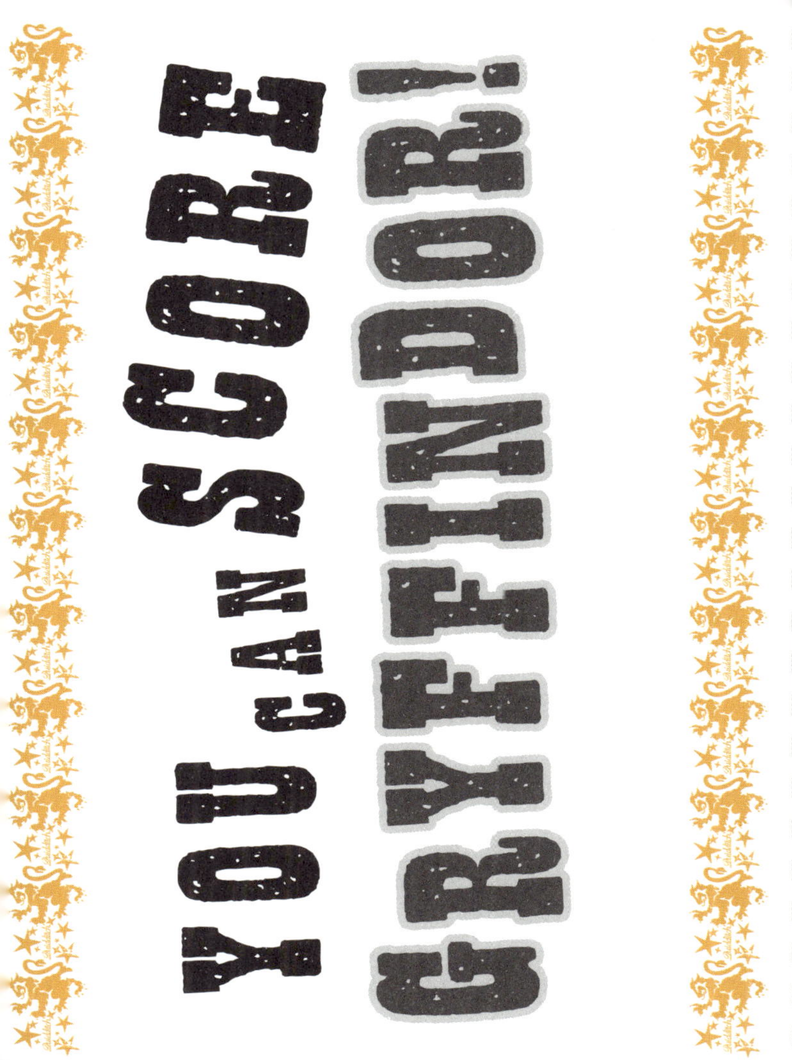
YOU CAN SCORE
GRYFFINDOR!

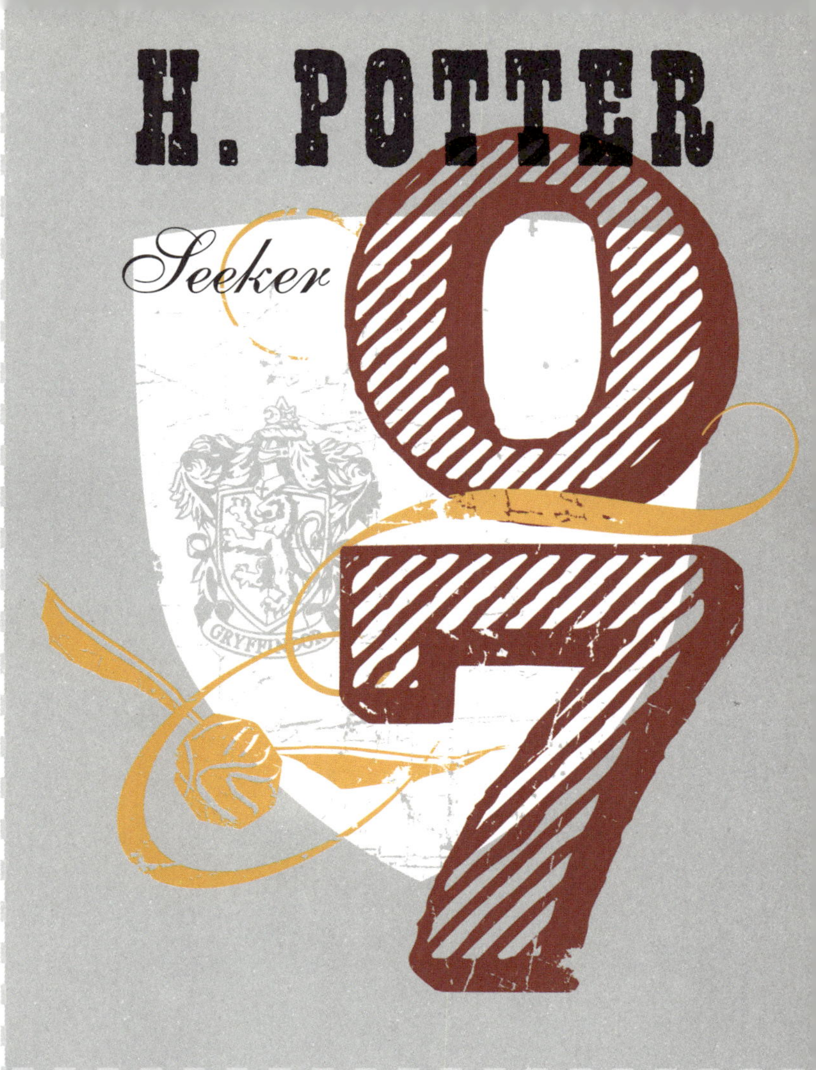
H. POTTER
Seeker
97

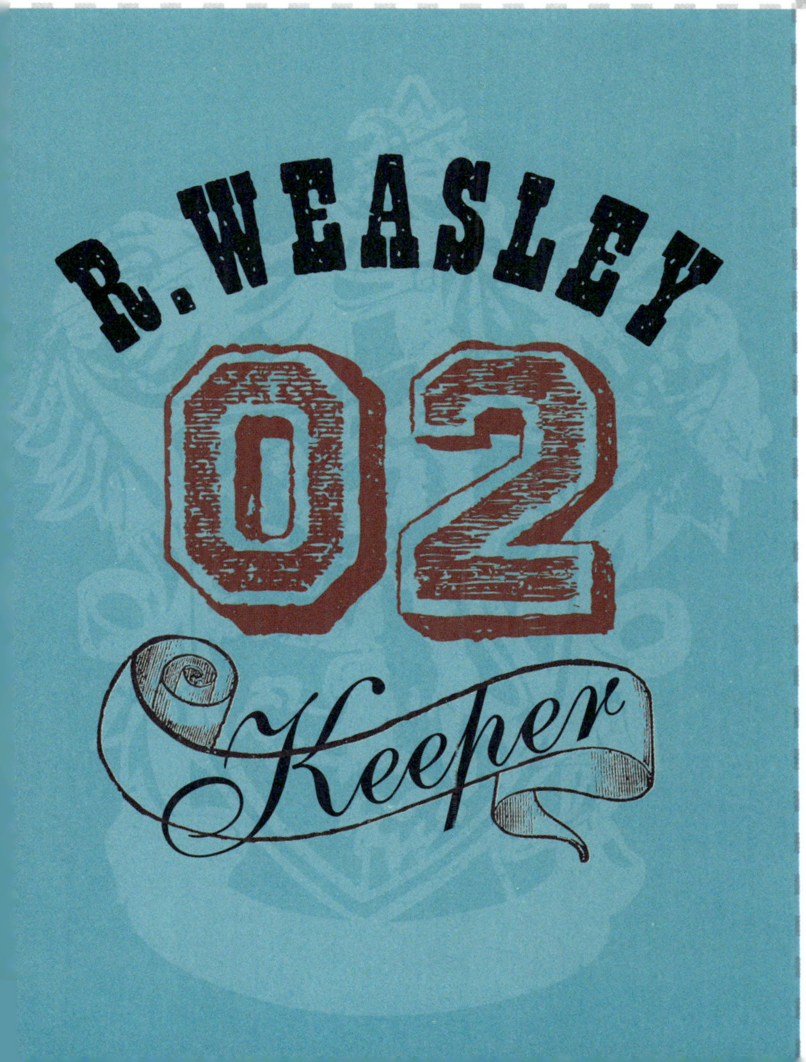
R. WEASLEY
02
Keeper

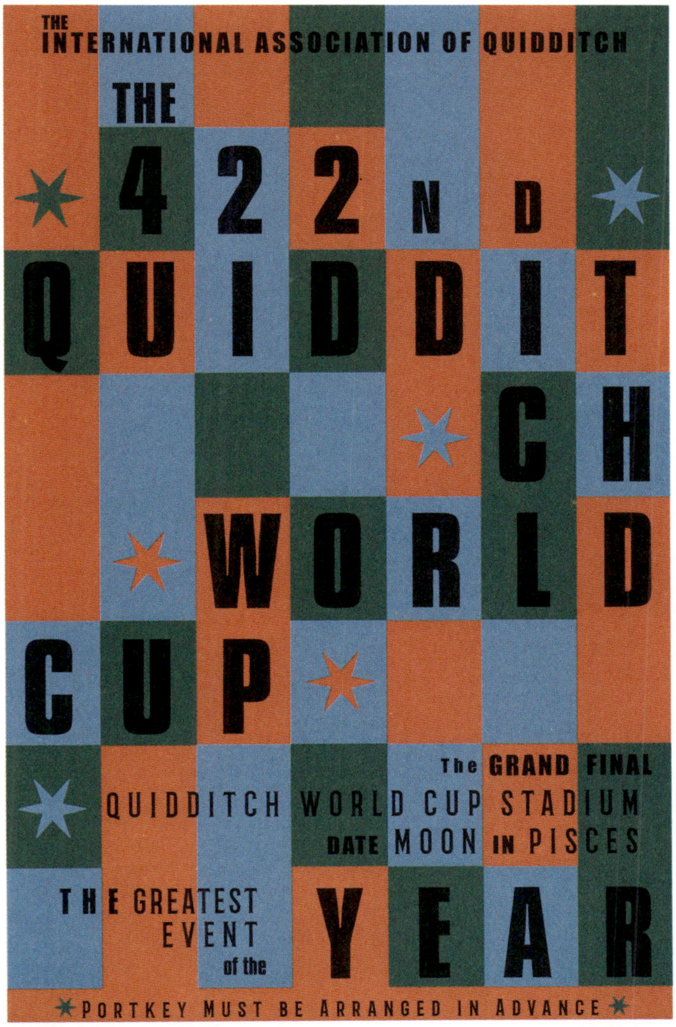
THE INTERNATIONAL ASSOCIATION OF QUIDDITCH
THE
422ND
QUIDDITCH
WORLD
CUP
The GRAND FINAL
QUIDDITCH WORLD CUP STADIUM
DATE MOON IN PISCES
THE GREATEST EVENT of the
YEAR
PORTKEY MUST BE ARRANGED IN ADVANCE

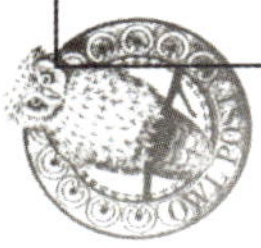

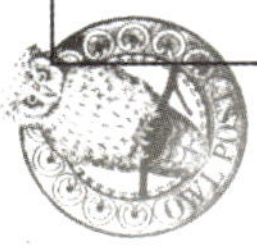

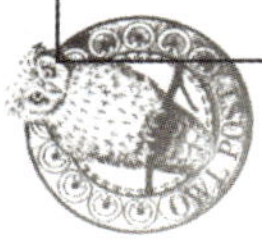

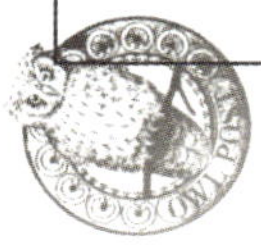

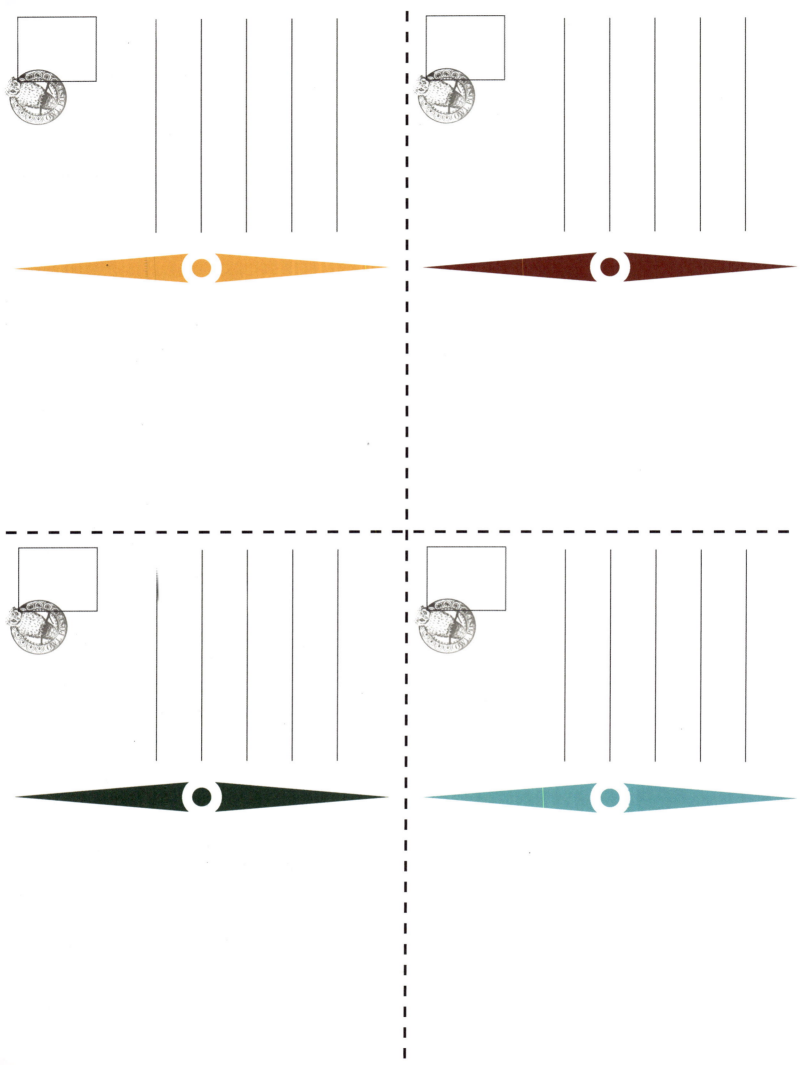

クィディッチ・チームの選手《せんしゅ》になったところを
想像《そうぞう》してみよう。
どんなユニフォームと箒《ほうき》にする？
どのポジションでプレーしたい？

僕《ぼく》／わたしは：
キーパー□　チェイサー□　ビーター□　シーカー□

号《ごう》外《がい》

The DAILY PROPHET

№.天

spellbind conjure enchant divinate

★ THE WIZARD WORLD'S BEGUILING BROADSHEET OF CHOICE ★

spellbind conjure enchant divinate

もしも魔法界《まほうかい》の一流紙《いちりゅうし》、「日刊予言者新聞《にっかんよげんしゃしんぶん》」の記者《きしゃ》になったとしたら。
羽《はね》ペンを手《て》に取《と》って、一面《いちめん》を飾《かざ》るのにふさわしい記事《きじ》を書《か》いてみよう。

魔《ま》法《ほう》動《どう》物《ぶつ》

ホグワーツの生徒《せいと》は3年生《ねんせい》になると、「魔《ま》法《ほう》動《どう》物《ぶつ》飼《し》育《いく》学《がく》」の授業《じゅぎょう》を受《う》けられる。ヒッポグリフ、セストラル、一角獣《いっかくじゅう》について学《まな》んでみたい？

「禁《きん》じられた森《もり》」はアクロマンチュラの群《む》れの生息地《せいそくち》だ。

ルーナは手《て》を伸《の》ばし、骨《ほね》ばったセストラルを撫《な》でてやる。

バックビークは、頭《あたま》は大鷲《おおわし》で胴体《どうたい》は馬《うま》のヒッポグリフだ。

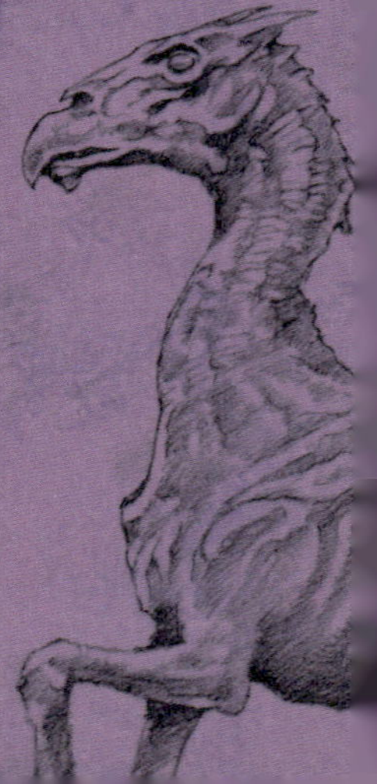

自分《じぶん》だけの魔法動物《まほうどうぶつ》を創《つく》り出《だ》して、一番下《いちばんした》に名前《なまえ》を書《か》こう。

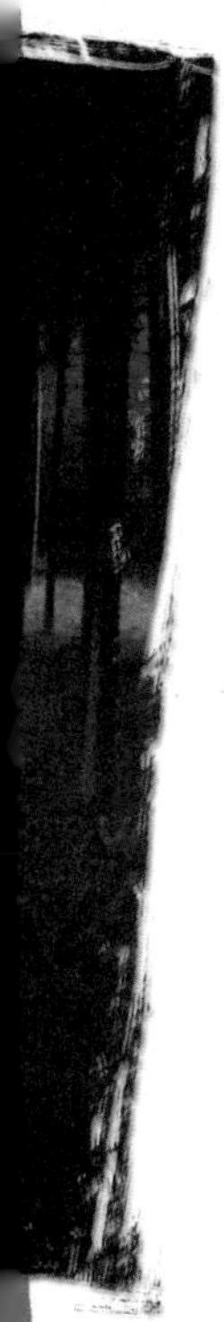

この魔法動物《まほうどうぶつ》の名前《なまえ》は：

呪《じゅ》文《もん》のレッスン

EXPECTO PATRONUM!

守護霊《しゅごれい》の呪文《じゅもん》は吸魂鬼《きゅうこんき》から身《み》を守《まも》る難易度《なんいど》の高《たか》い呪文《じゅもん》である。ハリーの守護霊《しゅごれい》は牡鹿《おじか》。

湖《みずうみ》に現《あらわ》れた無数《むすう》の吸魂鬼《きゅうこんき》を、ハリーは牡鹿《おじか》の守護霊《しゅごれい》で撃退《げきたい》する。

5年生《ねんせい》になると、ハリーはダンブルドア軍団《ぐんだん》を結成《けっせい》し、仲間《なかま》たちに守護霊《しゅごれい》の呪文《じゅもん》を教《おし》える。

もしも自分《じぶん》の守護霊《しゅごれい》を呼《よ》び出《だ》せるとしたら、
それはどんな動物《どうぶつ》？

役《やく》立《だ》つ
屋《や》敷《しき》しもべ妖《よう》精《せい》

屋《や》敷《しき》しもべ妖《よう》精《せい》は、魔《ま》法《ほう》使《つか》いの家《か》族《ぞく》に忠《ちゅう》実《じつ》に仕《つか》える魔《ま》法《ほう》生《せい》物《ぶつ》だ。ドビーはかつてマルフォイ家《け》に仕《つか》え、クリーチャーはシリウス・ブラックの家《か》族《ぞく》に仕《つか》えた。

ドビーはダーズリー家《け》を訪《おとず》れ、ホグワーツに戻《もど》らないようハリーに警《けい》告《こく》した。

偏《へん》屈《くつ》なクリーチャーは、シリウスと家《か》族《ぞく》に忠《ちゅう》実《じつ》に仕《つか》えている。

第《だい》二《に》次《じ》魔《ま》法《ほう》大《たい》戦《せん》中《ちゅう》、ドビーはマルフォイの館《やかた》で勇《ゆう》敢《かん》に戦《たたか》った。

屋敷《やしき》しもべ妖精《ようせい》は、主人《しゅじん》から衣服《いふく》を与《あた》えられると自由《じゆう》の身《み》になる。屋敷《やしき》しもべ妖精《ようせい》を自由《じゆう》にしてあげるために、自分《じぶん》ならどんな衣服《いふく》を与《あた》える？

今《こん》年《ねん》度《ど》、ハリー・ポッターはホグワーツ魔《ま》法《ほう》魔《ま》術《じゅつ》学《がっ》校《こう》に戻《もど》ってはなりません！」

時《じ》間《かん》の逆《ぎゃく》転《てん》

ハーマイオニーは「逆転《ぎゃくてん》時計《どけい》」を3回転《かいてん》させて、3時間前《じかんまえ》まで時間《じかん》を戻《もど》す。

ハーマイオニーとハリーは、シリウス・ブラックとヒッポグリフのバックビークを救《すく》うため、時間旅行《じかんりょこう》ができる「逆転時計《ぎゃくてんどけい》」を使《つか》ったことがある。

もしも「逆《ぎゃく》転《てん》時《ど》計《けい》」を持《も》っていたとしたら。

なんのために使《つか》いたい？

鏡《かがみ》よ、鏡《かがみ》

「みぞの鏡《かがみ》」を覗《のぞ》くと、心《こころ》の奥底《おくそこ》にある一番《いちばん》強《つよ》い望《のぞ》みが見《み》える。

1年生《ねんせい》の時《とき》、ハリーは両親《りょうしん》の姿《すがた》が見《み》たくて、何度《なんど》も「みぞの鏡《かがみ》」を見《み》にいった。

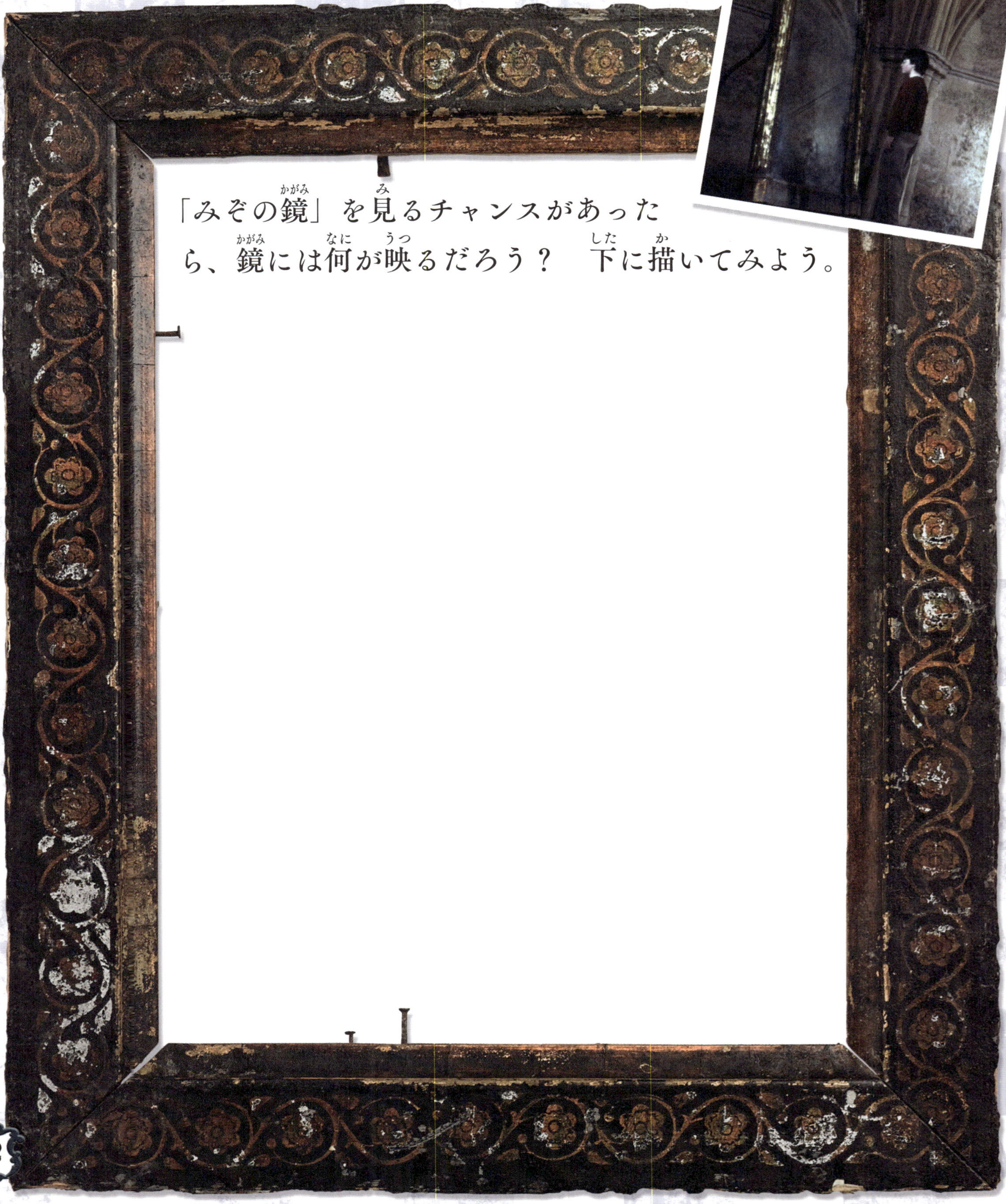

「みぞの鏡《かがみ》」を見《み》るチャンスがあったら、鏡《かがみ》には何《なに》が映《うつ》るだろう？　下《した》に描《か》いてみよう。

怪《かい》物《ぶつ》的《てき》な本《ほん》

「怪物的《かいぶつてき》な怪物《かいぶつ》の本《ほん》」は、ハグリッドの「魔法生物飼《まほうせいぶつし》育学《いくがく》」の必修本《ひっしゅうぼん》だ。
この本《ほん》は開《ひら》こうとする者《もの》に襲《おそ》いかかるので、取《と》り扱《あつか》いにはご注意《ちゅうい》を！

この狂暴《きょうぼう》な本《ほん》の特徴《とくちょう》を、パーツごとに線《せん》で結《むす》ぼう。

噛《か》みつく歯《は》

すべて見通《みとお》す目《め》

もつれた毛皮《けがわ》

シューという舌《した》

先《さき》の尖《とが》った触手《しょくしゅ》

王《おう》者《じゃ》アラゴグ

アクロマンチュラのアラゴグは、
「禁《きん》じられた森《もり》」に棲《す》んでいる。
ハグリッドが卵《たまご》から孵《かえ》したが、
みるみる巨大《きょだい》に成長《せいちょう》した。

蜘蛛《くも》の王《おう》アラゴグと、
飼《か》い主《ぬし》のハグリッド

上《うえ》にアラゴグを描《か》いて色《いろ》を塗《ぬ》ろう。
1マスずつお手本《てほん》を真似《まね》してみよう。

三大魔法学校《さんだいまほうがっこう》
対抗試合《たいこうじあい》

三大魔法学校《さんだいまほうがっこう》対抗試合《たいこうじあい》は、有名《ゆうめい》な魔法学校《まほうがっこう》三校《さんこう》で競《きそ》い合《あ》う。ホグワーツ、ダームストラング、ボーバトンが三校対抗優勝杯《さんこうたいこうゆうしょうはい》の獲得《かくとく》をめざす。

ビクトール・クラム

フラー・デラクール

セドリック・ディゴリー

ハリー・ポッター

セドリック・ディゴリーは「炎《ほのお》のゴブレット」に名前《なまえ》を書《か》いた紙《かみ》を入《い》れ、代表選手《だいひょうせんしゅ》に名乗《なの》りを上《あ》げる。

三校対抗優勝杯《さんこうたいこうゆうしょうはい》

三校対抗優勝杯《さんこうたいこうゆうしょうはい》は、第三《だいさん》にして最《さい》後《ご》の課題《かだい》である迷路《めいろ》の中央《ちゅうおう》にある。

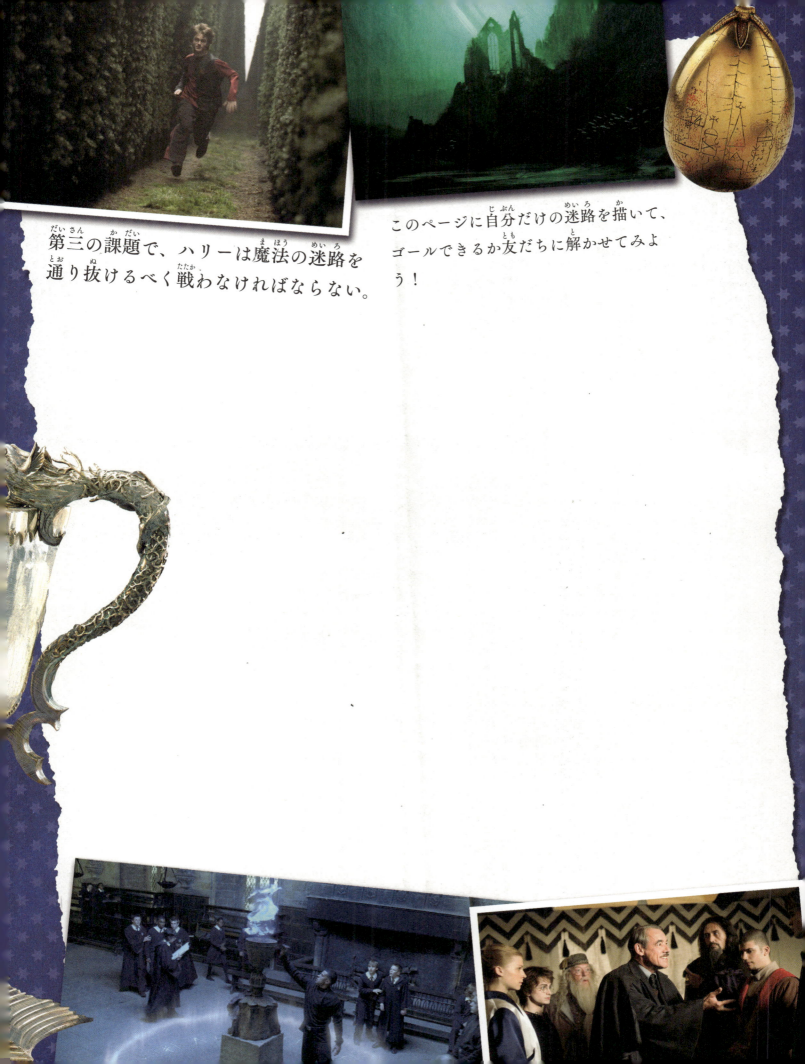

第三《だいさん》の課題《かだい》で、ハリーは魔法《まほう》の迷路《めいろ》を通《とお》り抜《ぬ》けるべく戦《たたか》わなければならない。

このページに自分《じぶん》だけの迷路《めいろ》を描《か》いて、ゴールできるか友《とも》だちに解《と》かせてみよう！

魔《ま》法《ほう》の思《おも》い出《で》

このイヤーブックを振《ふ》り返《かえ》って、１年《ねん》生《せい》で特《とく》に楽《たの》しかった思《おも》い出《で》は？　ここにある額《がく》の中《なか》に、その瞬間《しゅんかん》を描《か》こう。

ホグワーツで１年生《ねんせい》を終《お》えて、自分《じぶん》が優秀《ゆうしゅう》な若《わか》き魔法使《まほうつか》いや魔女《まじょ》に成長《せいちょう》したところを想像《そうぞう》してみよう。

D.A.
Dumbledore's Army

FREE
SPECTRESPECS
3D
Quidditch
H
DORMIENS NUNQUAM
TITILLAND